LOS NIÑOS
IMPORTAN:

150 WAYS

MANERAS DE
DEMOSTRÁRSELO **TO SHOW KIDS YOU CARE**

Search
INSTITUTE

150 Ways to Show Kids You Care

Los Niños Importan:
150 Maneras de Demostrárselo

Search Institute℠ and Developmental
Assets™ are trademarks of Search Institute.

Healthy Communities • Healthy Youth® is a
registered trademark of Search Institute.

10 9 8 7 6 5 4 3 2 1
Printed on acid-free paper in the United
States of America.

Search Institute
615 First Avenue Northeast, Suite 125
Minneapolis, MN 55413
612-376-8955 • 800-888-7828
www.search-institute.org

CREDITS
Editor: Ruth Taswell
Design: Jeanne Lee
Production: Mary Ellen Buscher

Special thanks to translators Patricia Izek,
Jean Joyce Williams, and Amy Rush.

Major support for Search Institute's Healthy
Communities • Healthy Youth (HC • HY)
initiative is provided by Thrivent Financial
for Lutherans. Lutheran Brotherhood,
now Thrivent Financial for Lutherans, is the
founding national sponsor for Healthy
Communities • Healthy Youth.

What do children truly need to grow up happy? to feel that they fit in and matter? to believe that they are loved?　They need you—you and other caring adults to genuinely be there for them as they're growing up. They need to know you care, not just on special occasions, but *every* day.　How do you do that? By accepting, guiding, and loving them in simple, yet meaningful ways, as the 150 inspiring ideas in this book show you.　You don't need a lot of time and money; you don't have to be a parent, teacher, or coach. Sincerely showing children you care *can* make a difference, helping to bring out the best in them—and in you.

INTRODUCTION　INTRODUCIÓN

¿Qué verdaderamente necesitan los niños para crecer feliz? ¿para sentir que tienen un lugar importante? ¿como hacerlos creer que son amados?　Lo necesitan a usted y a otros adultos que esten presentes para ellos durante su desarrollo. Necesitan saber que usted los estima *cada* día y no sólo en ocasiones especiales.　¿Cómo se logra esto? Aceptándolos, guiándolos y queriéndolos en formas sencillas, sinceras, y significantes, tal como las 150 ideas inspirantes propuestas en este libro le muestran.　Usted no necesita de mucho tiempo, ni dinero; no tiene que ser padre, ni maestro, ni entrenador. El hecho sincero ni mostrarles a los niños que los aprecia sí *podrá hacer* una diferencia, y ayudará para que logre lo mejor de si mismo y de usted también.

Notice them.

1

Tómelos en cuenta.

Smile a lot.

2

Sonríales con frecuencia.

Acknowledge them.

3

Exprese su reconocimiento.

Learn their names.

4

Aprenda sus nombres.

Seek them out.

Búsquelos.

Remember their birthdays.

Recuerde sus cumpleaños.

Ask them about
themselves.

Look in their
eyes when you
talk to them.

7

8

**Pregúnteles sobre
ellos.**

**Mírelos a los ojos
cuando les hable.**

Listen to them.

9

Escúchelos.

Play with them.

10

Juegue con ellos.

Read aloud together.

11

Lean juntos en voz alta.

Giggle together.

12

Ríanse juntos.

Be nice.

13

Sea amable.

Say yes a lot.

14

Dígales que sí con frecuencia.

Tell them
their feelings
are okay.

15

Dígales que
sus sentimientos
están bién.

Set boundaries
that keep
them safe.

16

Establezca límites
que los mantengan
seguros.

Be honest.

Sea honesto.

Be yourself.

Sea usted mismo.

Listen to their stories.

Escuche a sus cuentos.

Hug them.

Abrácelos.

Forget your worries sometimes and concentrate only on them.

21

Olvide sus propias preocupaciones de vez en cuando y concentre su atención en ellos.

Notice when they're acting differently.

22

Fíjese cuando se comporten de una manera diferente.

Suggest options when they seek your advice.

23

Sugiera opciones cuando le pidan un consejo.

Play outside together.

24

Jueguen juntos al aire libre.

Surprise them.

25

Sorpréndalos.

Stay with them when they're afraid.

26

Manténgase a sus lados cuando tengan miedo.

Invite them over for juice.

27

Invítelos a su casa a tomar un jugo.

Suggest better behaviors when they act out.

28

Sugiera mejor comportamiento cuando se porten mal.

Feed them when they're hungry.

29

Aliméntelos cuando tengan hambre.

Delight in their discoveries.

30

Disfrute sus descubrimientos.

Share their excitement.

31

Comparta con ellos cuando se sientan entusiasmados.

Send them a letter or a postcard.

32

Envíeles una carta o una tarjeta postal.

Follow them when they lead.

33

Sígalos cuando ellos dirijan.

Notice when they're absent.

34

Note cuando estén ausentes.

Call them to
say hello.

35

Llámelos por teléfono
sólo para saludarles.

Hide fun
surprises for
them to find.

36

Esconda algo
especial para que ellos
lo encuentren.

Give them
space when they
need it.

Deje que estén
solos cuando lo
necesiten.

Contribute
to their
collections.

Contribuya a sus
colecciones.

Discuss their dreams and nightmares.

Hable con ellos sobre sus sueños y pesadillas.

Laugh at their jokes.

Ríase de sus chistes.

Be relaxed.

41

Relájese.

Kneel, squat,
or sit so you're at
their eye level.

42

**Arrodíllese, acuclíllese
o siéntese para
estar al mismo nivel.**

Answer their questions.

43

Conteste sus preguntas.

Tell them how terrific they are.

44

Dígales lo maravilloso que son.

Create a
tradition
with them
and keep it.

45

Learn what they
have to teach.

46

Establezca una
tradición con ellos y
manténgala.

Aprenda lo que ellos
tienen que enseñarle.

Use your ears
more than
your mouth.

Make yourself
available.

47

48

Use los oídos más que
la boca.

Esté disponible
para ellos.

Show up at their concerts, games, and events.

49

Asista a sus conciertos, juegos y eventos.

Find a common interest.

50

Busque un interés común.

Hold hands
during a walk.

51

**Tómeles de la mano
mientras caminan.**

Apologize
when you've
done something
wrong.

52

**Discúlpese cuando
usted haga algo
incorrecto.**

Listen to their favorite music with them.

53

Escuche con ellos su música favorita.

Keep the promises you make.

54

Cumpla sus promesas.

Wave and smile when you part.

55

Sonria al despedirse.

Display their artwork in your home.

56

Exhiba sus obras artísticas en su casa.

Thank them.

57

Agradézcales.

Point out what you like about them.

58

Hágales saber lo que le agrada de ellos.

Clip magazine pictures or articles that interest them.

59

Recorte fotos o artículos de revistas que les interesen.

Give them lots of compliments.

60

Elógielos con frecuencia.

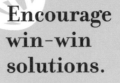

Catch them doing something right.

Dese cuenta cuando hagan algo correcto.

Encourage win-win solutions.

Anime las soluciones en las cuales los dos partidos ganan.

Give them
your undivided
attention.

Déles su atención
indivisible.

Ask for their
opinion.

Pídales su opinión.

Have fun together.

65

Diviértanse juntos.

Be curious with them.

66

Comparta su curiosidad.

Introduce them
to your friends
and family.

67

Preséntelos a sus
amigos y familiares.

Tell them how
much you
like being with
them.

68

Dígales lo mucho
que disfruta el estar
con ellos.

Let them solve
most of their
own problems.

Deje que resuelvan
la mayoría de sus
propios problemas.

Meet their
friends.

70

Conozca a sus amigos.

hello

Meet their parents.

71

Conozca a sus padres.

hola

Let them tell you how they feel.

72

Deje que le digan cómo se sienten.

Help them
become
an expert at
something.

73

Ayude a que
sean expertos en
alguna cosa.

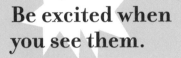

Be excited when
you see them.

74

Sea entusiástico
cuando los vea.

Tell them about yourself.

75

Cuénteles de usted mismo.

Let them act their age.

76

Deje que actúen de acuerdo con su edad.

Praise more;
criticize less.

77

Dígales más elogios y
menos críticas.

Be consistent.

78

Sea consistente.

Admit when you make a mistake.

79

Admita sus errores.

Enjoy your time together.

80

Disfrute de su tiempo juntos.

Give them a special nickname.

Marvel at what they can do.

81

82

Déles un apodo especial.

Maravíllese de lo que ellos pueden hacer.

Tell them how proud you are of them.

Dígales lo orgulloso que se siente de ellos.

Pamper them.

Mímelos.

Unwind together.

85

Reléjense juntos.

Be happy.

86

Sea feliz.

Ask them to help you.

Support them.

 87

 88

Pídales su ayuda.

Apóyelos.

Applaud their successes.

89

Aplauda sus éxitos.

Deal with problems and conflicts while they're still small.

90

Trate con problemas y conflictos cuando todavía son pequeños.

Chaperone a field trip.

91

Sea acompañante para una excursión escolar.

Tell them stories in which they are the hero.

92

Cuénteles historias en las cuales ellos sean los héroes.

Believe in them.

93

Crea en ellos.

Nurture them
with good food,
good words,
and good fun.

94

**Nútrales con alimentos
buenos, palabras
buenas y diversiones
sanas.**

Be flexible.

Sea flexible.

Delight in their uniqueness.

Deleítese en su singularidad.

Let them make mistakes.

97

Deje que ellos cometan errores.

Notice when they grow.

98

Dése cuenta cuando crezcan.

Wave and honk when you drive by them.

99

Salúdelos y suene el claxon cuando maneje cerca de ellos.

Give them immediate feedback.

100

Déles a conocer sus reacciones de inmediato.

Include them in conversations.

101

Inclúyalos en sus conversaciones.

Respect them.

102

Respételos.

Join in their adventures.

Únase a ellos en sus aventuras.

Visit their schools.

Visite su escuela.

Help them learn
something new.

Ayúdeles a aprender
algo nuevo.

Be understanding
when they have a
difficult day.

Sea comprensivo
cuando tengan un día
difícil.

Give them good choices.

Déles buenas alternativas.

Respect the choices they make.

Respete las decisiones que ellos tomen.

Be silly together.

109

Hagan tonterías juntos.

Make time to be with them.

110

Reserve tiempo para estar con ellos.

Hang out together.

111

Estén juntos.

Inspire their creativity.

112

Inspire su creatividad.

Accept them as they are.

113

Acéptelos tal como son.

Become their advocate.

114

Conviértase en su defensor.

Appreciate their individuality.

Valore su individualidad.

Talk openly with them.

Hable abiertamente con ellos.

Tolerate their interruptions.

117

Sea tolerante cuando ellos interrumpan.

Trust them.

118

Confíe en ellos.

Share a secret.

Comparta un secreto
con ellos.

Write a chalk
message on their
sidewalk.

Escríbales un
mensaje con tiza en
la banqueta.

Create a
safe, open
environment.

Be available.

121

122

Cree un ambiente
abierto y seguro.

Esté disponible.

Cheer their efforts.

123

Celebre sus esfuerzos.

Encourage them to help others.

124

Anímelos a ayudar a otros.

Tackle new tasks together.

125

Enfrenten nuevas tareas juntos.

Believe what they say.

126

Crea lo que ellos le dicen.

Help them take a
stand and stand
with them.

Daydream with
them.

127

128

Ayúdelos a que tomen
una postura con
respecto a algo y
respáldelos.

Sueñe despierto con
ellos.

Do what they like to do.

129

Haga lo que a ellos les guste hacer.

Make decisions together.

130

Tomen decisiones juntos.

Magnify their
magnificence.

131

Aumente su
magnificencia.

Build something
together.

132

Construyan algo
juntos.

Encourage them
to think big.

Anímelos a pensar en
grande.

Celebrate their
firsts and lasts,
such as the first
school day.

Celebre sus inicios y
finales, tales como
inicio de clases.

Go places together.

135

Vayan juntos a lugares.

Welcome their suggestions.

136

Tome como bien recibidas sus sugerencias.

Visit them when they're sick.

137

Visítelos cuando estén enfermos.

Tape-record a message for them.

138

Grábeles un mensaje.

Help them learn from mistakes.

139

Ayúdelos a que aprendan de sus errores.

Be sincere.

140

Sea sincero.

Introduce
them to people
of excellence.

Preséntelos con gente
de excelencia.

Tell them
what you expect
of them.

Dígales lo que espera
de ellos.

Give them your phone number.

143

Déles su número de teléfono.

Introduce them to new experiences.

144

Introdúzcalos a nuevas experiencias.

Share a meal together.

145

Comparta una comida con ellos.

Talk directly together.

146

Hablen directamente.

Be spontaneous.

147

Sea espontáneo.

**Expect
their best;
don't expect
perfection.**

148

Espere lo mejor de
ellos, no la perfección.

Empower them to help and be themselves.

149

Déles la confianza de ayudarse y de ser ellos mismos.

Love them, no matter what.

150

Ámelos sin condiciones.

SEARCH INSTITUTE
AND THE DEVELOPMENTAL ASSETS

Powerful evidence shows that through positive relationships with caring adults, children can develop the skills, values, and self-perceptions they need to grow up and become strong, resilient, happy adults.

Over the years, Search Institute has identified these relationships, skills, and values as Developmental Assets that all young people need to succeed. These assets (spread across eight broad aspects of human development) are about individual strengths, not financial worth.

All adults can help give children what they need by building these Developmental Assets for and with them. **The first four categories** focus on the relationships and opportunities you can create for kids:

SUPPORT Children need to have adults who love, care about, appreciate, accept, and include them.

EMPOWERMENT   Children need to feel that adults believe that they have something to contribute and are allowed to do so.

BOUNDARIES AND EXPECTATIONS   Children need the positive influence of adults who set limits while encouraging them to be and do their best.

CONSTRUCTIVE USE OF TIME   Children need opportunities to explore who they are and where they fit in—to find satisfying activities and learn new skills.

The next four categories reflect the abilities, values, attitudes, and commitments that children, with your help, develop:

COMMITMENT TO LEARNING   Children need to link learning to more than just school and to value the importance of ongoing learning.

POSITIVE VALUES   Children need strong principles to confidently make decisions without feeling they have to follow the crowd.

SOCIAL COMPETENCIES Children need to understand how others may feel and to respect them even when they disagree.

POSITIVE IDENTITY Children need to believe in their own self-worth and their ability to make good things happen.

Search Institute is an independent, nonprofit, nonsectarian research and education organization whose mission is to provide leadership, knowledge, and resources to promote healthy children, youth, and communities. The institute collaborates with others to promote long-term organizational and cultural change that supports its mission. For more information, visit our Web site at **www.search-institute.org.**

SEARCH INSTITUTE Y LOS ELEMENTOS FUNDAMENTALES DEL DESARROLLO

Influyente evidencia muestra que a través de relaciones positivas con adultos cuidadosos, los niños pueden desarrollar habilidades, valores, y la percepción de si mismos que necesitan para crecer a ser adultos fuertes, adaptables, y felices.

Através de los años, Search Institute ha identificado estas relaciones, habilidades, y valores como Elementos Fundamentales del Desarrollo que todos los jóvenes necesitan para tener éxito. Estas virtudes (se extienden a través de ocho amplios aspectos del desarrollo del ser humano) se tratan de los esfuerzos individuales, no el valor financiero.

Todos los adultos pueden ayudar a dar a los niños lo que necesitan para fortalecer los Elementos Fundamentales del Desarrollo para ellos y con ellos. **Las primeras cuatro categorías** se enfocan en las relaciones y oportunidades que usted puede crear para los niños:

APOYO Los niños necesitan tener adultos que los quieran, se preocupen por ellos, los agradezcan, les acepten y los incluyan.

FORTALECIMIENTO Los niños necesitan sentir que los adultos creen que ellos tienen algo que contribuir y que se les permite contribuir.

LÍMITES Y EXPECTATIVAS Los niños necesitan la influencia positiva de adultos que ponen límites a la vez animándolos a ser y realizar sus logros.

USO CONSTRUCTIVO DEL TIEMPO Los niños necesitan oportunidades para explorar quienes son y cual es su lugar—para encontrar actividades que satisfacen y aprender nuevas habilidades.

Las siguientes cuatro categorías reflejan las habilidades, valores, actitudes, y obligaciones que los niños, con su ayuda, desarrollan:

COMPROMISO CON EL APRENDIZAJE Los niños necesitan entender que el aprendizaje no sólo se aplica a la escuela. Hay que valorar la importancia del aprendizaje continuo.

VALORES POSITIVOS   Los niños necesitan principios fuertes para hacer decisiones con confianza y sin sentir que tienen que seguir al grupo.

CAPACIDAD SOCIAL   Los niños necesitan entender como otros pueden sentirse y a respetarlos aunque no estén de acuerdo.

IDENTIDAD POSITIVA   Los niños necesitan creer en si mismos y en su capacidad de realizar cosas buenas.

Search Institute es una organización independiente, sin fin lucrativo, que se dedica a la investigación y la educación no sectaria. Su misión es proporcionar iniciativa, conocimiento, y recursos para promover niños, jóvenes y comunidades saludables. El instituto colabora con otros para promover a largo plazo cambios de organización y cultural que apoyan su misión. Para más información, visite nuestro domicilio electrónico, **www.search-institute.org.**